Inhalt

Business Intelligence Software - auch für den Mittelstand interessant

Kernthesen

Beitrag

Fallbeispiele

Weiterführende Literatur

Impressum

Business Intelligence Software - auch für den Mittelstand interessant

C.F.Dobner

Kernthesen

- Business Intelligence Software dient nicht mehr nur großen Unternehmen, sondern gerade in wirtschaftlich schwierigen Zeiten dem Mittelstand als Software zur Entscheidungsunterstützung.
- Business Intelligence Software unterstützt den Anwender bei der Optimierung von Geschäftsabläufen in Vertrieb, Einkauf und Produktion, der Budgetierung und dem Monitoring der Finanzen sowie bei Personalfragen.
- Bei Einführung von Business Intelligence

Software ist die sorgfältige Wahl des Projektpartners für die Entstehung eines soliden Fundamentes und eines späteren hohen Nutzungsgrades entscheidend.
- Business Intelligence Software und neue Bezugsformen wie SaaS und Opensource Lösungen sind neben neuer Technologien wie RFID oder Web 2.0 Anwendungen mehr als nur ein IT Trend.

Beitrag

Darüber, dass die Finanzkrise zwischenzeitlich auch im Mittelstand voll angekommen ist, wird in den Medien tagtäglich berichtet. Da ist eine schnelle und agile Unternehmenssteuerung gerade in Zeiten nur schwer kalkulierbarer Wirtschaftsentwicklung elementar für das Überleben eines Unternehmens.

Der Einsatz von sogenannter Business Intelligence Software (BI Software), also von Software, die speziell auf das jeweilige Unternehmen bzw. auf den jeweiligen Unternehmensbereich in dem sie eingesetzt wird zugeschnitten ist, dient insbesondere dazu Geschäftsabläufe z.B. in Vertrieb, Einkauf oder Produktion zu optimieren. Häufig wird unterschätzt, dass mit BI Software jedoch auch das Berichtswesen, die Datenanalyse, die Finanzplanung und

Budgetierung sowie das Risikomanagement gesteuert werden können. Bislang haben fast ausschließlich Großunternehmen BI Software eingesetzt. Erst jüngst haben Mittelständler entdeckt, dass auch sie von Business Intelligence Software profitieren können. Zudem können kleinere Unternehmen auf die aus dem Einsatz der Software gewonnenen Erkenntnisse deutlich schneller und auch flexibler reagieren. Hersteller wie z.B. SAP haben bereits eigene Business Intelligence Mittelstandsangebote entwickelt, beispielsweise die SAP Business Objects Edge Series.

Das eine schnelle und agile Unternehmenssteuerung gerade in Zeiten nur schwer kalkulierbarer Wirtschaftsentwicklung elementar für das Überleben des Unternehmens sein kann, wird an Hand der zahlreichen besorgniserregenden Nachrichten über Kurzarbeit oder gar Insolvenzen mittelständischer und großer Unternehmen deutlich. Bildlich gesprochen können die Klippen der schwierigen Zeit sicherer umschifft werden, wenn die Führungsspitze das Unternehmen vorausschauend in ruhige Gewässer lenken kann. (1), (2), (3), (4), (5)

Vorgehensweise bei der Umstellung auf Business

Intelligence Software

Der mit der Auswahl des richtigen Projektpartners zur Umstellung auf BI Software verbundene hohe Zeitaufwand und die Verwendung kostbarer Mitarbeiterressourcen schreckt viele Entscheidungsträger berechtigterweise von der Umstellung ab. Eine konzeptionelle Vorgehensweise der Verantwortlichen, die von vorneherein die Anzahl der potentiellen Projektpartner begrenzt, ist daher unabdingbar. Zuerst sollte sich daher einmal klar vor Augen geführt werden welche einzelnen Geschäftsprozesse nicht optimal laufen oder in welchen Unternehmensbereichen offensichtlich Optimierungsbedarf besteht. Außerdem ist es sinnvoll zu prüfen, ob es im Unternehmen etwaige IT Regeln gibt, die zum Beispiel Software bestimmter Anbieter vorschreiben und damit die Anzahl der in Frage kommenden Projektpartner weiter einschränkt.

Im nächsten Schritt sollte im Internet nach Herstellern von Business Intelligence Software recherchiert werden. Denn nahezu jeder BI Software Hersteller bietet auf seiner Homepage kostenlose Demonstrationen an. An Hand dieser kann zumindest in kürzester Zeit festgestellt werden, auf welche Branchen oder Unternehmensbereiche die Software zugeschnitten ist und ob sie zu den eigenen Anforderungen passt. Höchstens drei der in die nähere Auswahl gekommenen Anbieter sollten dann zu einer Präsentation eingeladen werden. Für den Präsentationstermin gilt es gezielte Fragen vorzubereiten, um bereits bei diesem Termin herausfinden zu können, ob der richtige Partner gefunden wurde.

Aus den Praxiserfahrungen lässt sich festhalten, dass je intensiver diese Vorbereitungsphase verläuft, desto fester das Fundament wird auf dem die Business Intelligence Software später steht. Ist der zukünftige Projektpartner gefunden, kommt es wesentlich darauf an, dass die Software speziell auf die betriebswirtschaftlichen Bedürfnisse des Unternehmens zugeschnitten wird. Für eine Akzeptanz der Software im Unternehmen ist außerdem eine optimale Bedienbarkeit entscheidend. Sind diese Merkmale erfüllt, entsteht ein hoher Nutzen für das Unternehmen. (3), (4)

Aufbau und Einsatzmöglichkeiten von Business Intelligence Software

Gerade für kleinere mittelständische Unternehmen ist ein modularer Aufbau einer BI Infrastruktur äußerst ratsam. Somit bleiben Kosten und auch Nutzen überschaubar. In der Regel lohnt sich die

Einführung von BI in kleineren Unternehmen nur für bestimmte Teilprozesse oder Teilbereiche wie Vertrieb, Produktion, Personal oder Finanzen. Die Leistungsfähigkeit der Software ist jedoch nicht zu unterschätzen, sie ist unter anderem auch im Berichtswesen und bei der Planung für Reporting und Analyse einsetzbar. Mittelständler ziehen daraus insbesondere großen Nutzen da sie Geschäftsentwicklungen nachvollziehen sowie Ist- und Planzahlen miteinander vergleichen können.

Laut einer Umfrage des Institutes für Business Intelligence (IBI) sind die häufigsten Einsatzgebiete von BI Software bei Mittelstandsunternehmen das Berichtswesen, die Datenanlyse, Planung und Budgetierung, Management-Cockpits, Dashboards, Statistik-Tools, Data Mining, Scoreboards und Risiko-Management. IT, Controlling, Marketing und Vertrieb sind laut dieser Umfrage die hauptsächlichen Anwendergruppen. (3), (5)

BI Software - Nutzen für den Mittelstand

Da Business Intelligence Software äußerst vielseitig, branchen- und prozessspezifisch eingesetzt werden kann, ist der aus dem Einsatz der Software erzielte

Nutzen für jedes Unternehmen ein Anderer. Grundsätzlich sollte der Einsatz von BI folgende Bereiche unterstützen: die Budgetierung und das Monitoring der Finanzen, Aufgaben im Bereich der Personalabteilung etwa bei der Gehaltsabrechnung, die Prozessoptimierung, das Forecasting, Marketing-Kampagnen, die Analyse und Auswertung von Geschäftsdaten in größerem Umfang und das Aufspüren von versteckten Kosten und Umsatzchancen.

Klar sollte auch sein, dass ein möglichst hoher Nutzungsgrad nur dann erzielt werden kann, wenn alle von dem Einsatz der Software betroffenen Mitarbeiter von Anfang an mit an Board genommen werden. Denn nur so kann der laufende kosten- und zeitintensive Einsatz von externen Experten eingedämmt oder ganz vermieden werden. Für einen erfolgreichen Einsatz der BI Software ist maßgeblich entscheidend, dass sich die Mitarbeiter schnell an das System gewöhnen.

Ein nicht zu unterschätzender Nutzen der BI Software in Zeiten der weltweiten Finanzkrise ist auch, dass an Hand der mit der Software verarbeiteten und ausgewerteten Daten den Banken genaue Analysen vorgelegt werden können. Denn bekanntermaßen verlangen Banken gerade in wirtschaftlich schlechteren Zeiten bei der

Kreditgewährung deutlich mehr Transparenz. (1), (2), (4), (5), (9)

Fallbeispiele

Beispiele für den erfolgreichen Einsatz von BI Software gibt es in jeder Branche zahlreiche. BI Software Hersteller wie SAP erweitern deshalb laufend ihre Mittelstandsangebote inzwischen auch für Oracle, Siebel und Microsoft.

Auch der ERP-Anbieter Lawson hat eine neue BI Kampagne gestartet. Lawson bietet eine Geldzurück-Garantie falls der Kunde mit dem Produkt nicht zufrieden ist.

Der BI Anbieter Cubeware setzt auf Best-of-Breed, das heißt auf leistungsfähige, flexible und einfach zu handhabende Auswertungswerkzeuge für die einzelnen eigenständig arbeitenden Fachbereiche. (1), (2), (6), (7), (10), (11)

Weiterführende Literatur

(1) SAP verstärkt Business Objects Edge BI
aus Computerwoche, 24.04.2009, Nr. 17

(2) Kunden betrachten Software as a Service skeptisch Business Intelligence lenkt den Blick auf das Wesentliche
aus Computer Zeitung, Heft 17, 2009, S. 14

(3) Für Business Intelligence gilt: Groß denken, klein anfangen Eine durchdachte Vorauswahl spart Zeit und Ressourcen
aus Computer Zeitung, Heft 15, 2009, S. 20

(4) Simulation mit Geschäftsdaten verhindert Fehleinschätzungen Prognosemodelle erweitern die klassische Business Intelligence
aus Computer Zeitung, Heft 14, 2009, S. 4

(5) So nutzt der Mittelstand Business Intelligence
aus Computerwoche, 06.03.2009, Nr. 10

(6) Der Fachbereich spricht mit
aus "it&t-business" Nr. 03/09 vom 01.03.2009 Seite: 28

(7) Produktübersichten, individuelle Zusatzinformationen und tagesaktuelle Zahlen - Business Intelligence vom Feinsten
aus "Computerwelt" Nr. 04 / 2009 vom 24.02.2009

(8) Studie: Opensource-Systeme können bei Funktionsumfang mithalten Krise beflügelt freie Analyse-Tools
aus Computer Zeitung, Heft 9, 2009

(9) Hightech-Cockpits für Mittelständler Das gläserne Unternehmen: Business Intelligence soll Firmen helfen, die Krise zu bewältigen
aus Frankfurter Rundschau v. 06.03.2009, S.21, Ausgabe: S Stadt

(10) Informationen statt Daten
aus Die Presse vom 2008-12-17, Seite: 10

(11) Software für Einzelhändler Der Computer kennt den besten Standort
aus HANDELSBLATT online 07.10.2008 12:22:25

Impressum

Business Intelligence Software - auch für den Mittelstand interessant

Bibliografische Information der deutschen Nationalbibliothek

Die Deutsche Nationalbibliothek verzeichnet diese Publikation in der deutschen Nationalbibliografie; detaillierte bibliografische Daten sind im Internet über http://dnb.d-nb.de abrufbar.

ISBN: 978-3-7379-0070-6

© 2015 GBI-Genios Deutsche Wirtschaftsdatenbank GmbH, Freischützstraße 96, 81927 München, www.genios.de

Alle Rechte vorbehalten. Dieses Werk ist einschließlich aller seiner Teile – z.B. Texte, Tabellen und Grafiken - urheberrechtlich geschützt. Jede Verwertung außerhalb der Grenzen des Urheberrechtsgesetzes bedarf der vorherigen Zustimmung des Verlags. Dies gilt insbesondere auch für auszugsweise Nachdrucke, fotomechanische

Vervielfältigungen (Fotokopie/Mikroskopie), Übersetzungen, Auswertungen durch Datenbanken oder ähnliche Einrichtungen und die Einspeicherung und Verarbeitung in elektronischen Systemen.